DISCOURS

DE

M^R. SERVAN.

DISCOURS

DE

M^R. SERVAN,

Avocat-Général au Parlement de Grenoble, dans la Cause d'une Femme Protestante.

A GENEVE, & *se trouve*;

A GRENOBLE,

Chez J. S. GRABIT, Libraire

M. DCC. LXVII.

DISCOURS

De Mr. *S E R V A N*, *Avocat-Général au Parlement de Grenoble, dans la cause d'une Femme Protestante.*

CETTE affaire, qui paroiſſoit d'abord ſi ſimple , s'eſt étendue d'une Audience à l'autre. Soit néceſſité , ſoit occaſion , on a propoſé les plus grandes queſtions & diſcuté les droits les plus ſacrés. En même

A

temps des contraſtes ſinguliers excitoient dans les eſprits un intérêt très-vif : quels objets en effet nous avons ſous les yeux ! une femme vertueuſe , & pourtant déshonorée ; un époux infidele , & pourtant juſtifié ; l'engagement le plus cher , le plus ſaint , rompu par la conſcience même ; l'honneur & le devoir dans l'oppoſition la plus funeſte.

Par-tout cette cauſe préſente la nature éplorée , mais contraignant ſes plaintes à l'aſpect de la Religion qui les condamne , proſternée aux pieds de la Juſtice pour obtenir du moins quelque adouciſſement à des maux qu'elle ne peut entiérement guérir.

On voudroit que le Magiſtrat fût inſenſible ; on a raiſon ſans doute : mais il eſt plus glorieux pour lui de ſentir vivement & de juger avec indifférence.

On ne nous a pas diſſimulé que Jacques Roux & Marie Robequin profeſſoient tous deux la Religion proteſtante , lorſque, le 23 Avril 1764 , ils paſſerent un contrat de mariage en préſence de leurs parens. Marie Robequin n'étoit âgée que d'environ vingt ans , & Jacques Roux en avoit trente.

La bénédiction nuptiale leur fut donnée par un Miniſtre de leur religion. Cette union, ſacrée

dans d'autres tems , mais prof-
crite dans celui - ci , dura fans
altération près de deux années.
Le 21 Avril 1765 , un premier
enfant en fut le fruit ; mais bientôt la divifion fe fit fentir. Roux,
qui a depuis abandonné la Robequin avec éclat , lui faifoit
alors des infidélités plus fecretes.
Une Servante , nommée Louife
Faure, fit contre lui , le 26 Sep-
tembre 1765 , une déclaration
de groffeffe ; depuis ce moment
on ne voit plus entre Roux &
la Robequin que des marques
de difcorde ; elle fit même éclater fes plaintes contre un homme
fur lequel elle fe croyoit des
droits.

Elle accufa dans un acte public la débauche & les emportemens de fon mari, & demanda à en être féparée ; elle ne prévoyoit pas la fatale réponfe qui pouvoit la condamner au filence. Roux, fans s'occuper de fe juftifier, répondit en ces propres termes : *Que la Robequin pouvoit fe difpenfer de chercher des prétextes pour obtenir fa féparation; qu'il lui a dit, depuis plufieurs années, qu'elle pouvoit fe marier avec qui bon lui fembleroit ; que le contrat paffé entr'eux le 23 Avril 1764, n'ayant pas été fuivi de la bénédiction nuptiale, il n'exiftoit point de mariage.*

Dans le temps que Roux bri-
foit tous ces liens, la Robequin
portoit dans fon fein une preuve
bien trifte de leur durée. Le 3
Mai 1766, elle fut obligée de
faire une déclaration de groffeffe ; & bientôt après, ayant
obtenu l'évocation de fa caufe
par pauvreté, elle porta fes plaintes devant Vous.

Après avoir expofé l'erreur
funefte où Roux l'avoit enga-
gée, & les malheurs qui l'avoient
fuivie, elle forma une demande
de 1200 liv. en dommages & intérêts, outre la reftitution inévi-
table de fa dot, & le paiement
des frais de couches.

Ce fut alors que Jacques

Roux, pour premiere réponſe, obtint de l'Evêque de Die des diſpenſes pour ſe marier avec cette même fille, qui n'avoit pas attendu l'ordre de la Religion pour s'abandonner à lui : & après avoir conſacré, ſi je puis ainſi dire, ſon infidélité, il eſt venu la juſtifier aux yeux de la Juſtice ; offrant, dit - il , par excès d'équité, trois cents livres de dommages & intérêts.

Je ne répéterai point , Mrs. les moyens des deux parties ; ce ſeroit rendre peu de juſtice à leurs défenſeurs, de croire qu'on a pu ſi-tôt les oublier : d'ailleurs le temps & mes forces m'obligent à me renfermer tout de ſuite dans ce qui m'appartient.

Chacun a ſenti de la pitié pour cette femme infortunée ; & les maux qu'elle a ſoufferts ne ſont que trop réels. Il ne s'agit donc ici que de décider ſi celui qui en eſt l'auteur doit les réparer autant qu'il eſt en lui.

Et d'abord nous enviſagerons cette queſtion dans les circonſtances les plus favorables qu'on puiſſe imaginer ; nous aurons la condeſcendance d'adopter tout ce que Roux a ſuppoſé ; nous croirons qu'il contracta ſon mariage de bonne foi , qu'il fut l'effet de l'erreur commune des deux parties , & que tous deux

crurent légitime un lien confa-
cré par un Miniſtre de leur religion ; nous croirons que la
conſcience éclairée a détruit l'ouvrage qu'une conſcience aveugle
avoit fait.

Or, nous demandons maintenant ſi, même dans ce cas, Roux
ne doit pas dédommager Marie
Róbequin du préjudice qu'il lui
a cauſé. Et, pour réduire la queſtion à des termes plus généraux
& plus ſimples, nous demandons
ſi l'on ne doit pas dédommager
des pertes qu'on a cauſées même
par erreur.

Si j'écoute là-deſſus la voix
intime de ma conſcience , elle
me dit que tout homme dans

la société est garant de ses propres actions, & qu'en général il doit réparer tous les dommages dont il est l'auteur. Je ne vois que deux cas exceptés : l'un, est celui où quelque force supérieure nous fait servir malgré nous-mêmes au dommage de quelqu'un ; & ce cas comprend tous les accidens de la nature, les violences, les mouvemens involontaires auxquels est exposé souvent un être aussi foible que l'homme. Enfin, (& c'est le second cas) l'on n'est point tenu de réparer un dommage que s'est attiré celui même qui l'a souffert ; & encore ce cas est-il susceptible d'une foule d'excep-

tions ; encore faut-il confidérer
comment celui qui a fouffert le
dommage y a contribué ; s'il fe
l'eft attiré en tout ou en partie ;
jufques à quel point l'auteur
du dommage y a trempé par
fa volonté propre : mais cette
difcuffion n'eft pas de notre caufe ; elle nous fait voir feulement
combien font rares les excep-
tions à cette loi naturelle qui
crie dans tous les cœurs : *Tu es
homme , répare le mal que tu
as fait à un homme.*

Je ne fens point que l'erreur
même de celui qui a fait le mal
le difpenfe de cette loi ; l'erreur eft tout au plus un malheur
dont on peut le plaindre : mais

A vj

parce qu'il fe trompe , un autre
doit - il en fouffrir ? C'eſt à ce
point que je réduis la conſcience
de tous ceux qui m'écoutent.
Chacun , en apportant dans la
ſociété ſes facultés , ſon intel-
ligence, ſes forces, ſe rend reſ-
ponſable de tous les effets qu'elles pourront produire ; il eſt
chargé de ſon bonheur , ou de
ſon malheur , de toute ſa deſtinée. La foibleſſe de notre jugement & tant d'autres circonſtances qui nous égarent, ſont une
partie de notre deſtinée ; c'eſt
le poids de l'humanité impoſé
ſur notre exiſtence : nous fera-
t - il permis de le rejeter ſur les
autres ?

Puffendorf dit : *Ceux qui font du mal à autrui fans deſſein, font auſſi tenus de dédommager les intéreſſés ; car c'eſt un des principaux devoirs de la ſociabilité, que de ſe conduire avec tant de circonſpection que notre commerce ne ſoit point dangereux à autrui.* Et il appuie cette décifion d'une foule d'exemples qui la rendent plus ſenfible.

Mais fi des loix naturelles nous paſſons aux loix civiles, combien nous les trouverons plus étendues & plus rigoureuſes ſur cette matiere. Ai-je befoin de vous rappeller, Meſſieurs, ces loix Romaines ſur la réparation du dommage caufé par un efclave, par une bête, quelquefois même par un accident de la nature, où l'homme ne femble avoir prefque aucune part ? cependant ces loix impofent le dédommagement à celui qui n'eft pas même l'agent du dommage ; qui n'y tient que par un enchaînement fi éloigné, que l'ombre même de la faute ne parvient pas jufqu'à lui : & pourquoi ces décifions féveres ? c'eft qu'il importe que la fécurité regne dans la fociété, que chacun n'ait rien à craindre que de foi-même ; c'eft qu'il feroit infupportable d'être à la fois expofé à fes propres fautes & à l'erreur des autres ; en un mot, c'eft qu'on ne peut jamais

balancer entre celui qui fe trompe & celui qui fouffre.

Il faut bien remarquer pourquoi le principe des loix civiles
eft ici plus rigoureux que celui
des loix naturelles. Selon les loix
naturelles chacun eft fon propre
juge ; chacun adminiftre aux
autres la juftice fur le témoignage unique de fa confcience ;
& tout homme équitable , con-
noiffant intimement comment &
combien il a contribué au dommage d'autrui , mefurera exactement l'étendue de fon obligation : mais les loix civiles ne
font point à la difpofition de
chaque citoyen ; c'eft un inf-
trument qui s'applique à tous ;

mais qui n'eſt dirigé que par
quelques-uns; elles ne méſurent
que les actions & ne ſondent
pas toujours les volontés. Ainſi,
toutes les fois qu'il y a du dommage dans la ſociété , le fait
eſt certain, mais la cauſe eſt obſ-
cure : eſt-ce l'erreur ou la volonté qui l'a cauſé ? L'action
étoit-elle libre ou bien involon-
taire? Dans cette incertitude toujours on ordonne la réparation
civile : je dis la réparation civile , & c'eſt ce qu'on doit remarquer ; car la réparation qu'e-
xigent les loix criminelles , eſt
une choſe d'un ordre différent ,
& qu'on décide, non ſur le fait,
mais ſur la volonté de celui qui
en eſt l'auteur.

Tous les exemples , que je
pourrois citer, n'éclairciroient pas
mieux des principes si connus :
qui ignore que celui qui a blessé
quelqu'un sans dessein , par erreur, est tenu de le dédommager? Celui qui auroit moissonné
dans un champ dont il se croiroit
le propriétaire , pourroit-il refuser
des dommages au véritable maî-
tre? Je n'en dis pas davantage ,
& je passe tout de suite à l'appli-
cation de ces regles.

Roux & Marie Robequin se
marient selon les loix de leur
Eglise, & tous deux croient leur
union légitime : après quelques
années Roux ouvre les yeux à la
vraie Religion, & sa conscience

l'oblige à rompre des liens qui ne s'accordent plus avec elle ; il le fait, & cause à cette femme les plus grands maux qu'on puisse éprouver ; ils font l'effet de son erreur : son cœur est innocent ; mais enfin il a causé le dommage, & toutes les Loix prononcent qu'il doit le réparer.

Qu'on ne dise pas ici que Marie Robequin étoit dans l'erreur comme lui ; il est indifférent qu'elle ait partagé son erreur, pourvu qu'elle ne l'ait pas causée: bien plus, c'est l'erreur même de cette femme, c'est son erreur, qui subsiste encore, qui rend son malheur plus cruel. Sans doute elle regarde, comme sacré, cet

engagement que fon mari foule
aux pieds ; elle refpecte encore
ces liens qu'il déchire : peut-être
elle attefte au fond de fon cœur,
contre lui, ce même Dieu dont
il l'accable ; & fon erreur lui fait
voir le plus odieux ennemi dans
celui que fa religion lui montre
comme un époux. Il ne faut
donc pas alléguer l'ignorance de
la Robequin comme une excufe
de celle de fon mari ; tous deux
fe trompoient : mais ce qu'il y a
d'injufte & de révoltant, c'eft
de vouloir rendre, cette femme
infortunée, victime de fon erreur
propre & de l'erreur d'un autre.
Sexe foible & malheureux, nous
plaignons votre foibleffe, & nous

vous chargeons encore du poids
de la nôtre !

Si cet homme a caufé par
erreur tant de maux à une femme
qui lui devoit être chere , il
eft obligé de les réparer ; mais
s'il les a caufés par fa faute, quel
fera fon devoir envers elle ?
Nous avons parlé d'erreurs ; mais
ce feroit nous tromper nous-mêmes d'en parler plus long-temps :
on ne préfume point d'erreur ,
lorfqu'on devoit connoître les
loix ; & quelles loix ! des loix
fi connues à tous les hommes
de fa religion ; des loix fi nou-
velles & qui ont éclaté parmi
eux comme un coup de tonnere :
l'enfant qui naît dans cette fecte

ne les ignore pas, & on l'inftruit
des précautions qu'on a prifes pour
lui donner un pere. Qu'un homme âgé de trente ans , un homme mûr , vienne nous dire qu'il
a cru contracter un mariage légitime ; il faudroit lui impofer
filence avec indignation : il connoiffoit donc nos loix fur le mariage , & cependant il a contracté le fien fans les obferver.
Il a dit à une fille innocente :
vous ferez mon époufe ; & il favoit bien qu'il ne feroit rien de
ce qui pouvoit lui conférer ce
titre. Il lui a dit : je m'unis à
vous pour jamais ; & il favoit
bien que cette union ne fubfifte-
roit qu'autant qu'il le voudroit.

Il atteſtoit devant elle ſa religion; & il ſavoit que la nôtre
au premier ſigne anéantiroit ſes
ſermens : quel jeu cruel ! Cette
fille crédule s'endort en femme
vertueuſe, & ſe réveille en proſ-
tituée. Voilà pourtant l'ouvrage
de cet homme qui refuſe un
léger dédommagement.

Peut-être, & nous le croyons,
il n'enviſageoit pas ſon changement lorſqu'il forma ſa preimere
union : peut-être il crut éluder
par ſa conſtance la prohibition
de nos loix ; mais cela même
eſt une imprudence, une faute
impardonnable : il n'eſt pas permis d'expoſer quelqu'un au péril
dans la folle confiance de l'en

délivrer. A quel péril ce Protef-
tant n'expofoit-il pas celle qu'il
époufoit felon les rites de fa
religion? il l'expofoit à la perte
de fon état, de fon honneur; il
l'expofoit à tous les maux qu'elle
fupporte aujourd'hui.

Cet homme agiffoit de bonne
foi , & croyoit garder fa femme ; mais il devoit prévoir qu'il
pourroit la renvoyer ; il devoit
prévoir les caprices de fon hu-
meur, l'inconftance de fon cœur,
& même fa converfion ; il devoit
voir que cette infortunée n'étoit
foutenue au deffus d'un affreux
abyme que fur le fouffle de fa
parole ; il devoit prévoir, en un
mot, tout ce qui eft arrivé, &

ne pas fe jouer des loix , pour
venir les réclamer enfuite : n'eft-
il pas obligé de répondre des
fuites cruelles de fon extrême
imprudence ?

Peut-être on voudra rejeter
fur Marie Robequin les mêmes
reproches que nous avons faits
à celui qu'elle crut fon époux.
On dira qu'elle connoiffoit les
loix comme lui , qu'elle a dû
voir le péril, & qu'elle s'eft livrée
elle-même aux maux dont elle
ofe fe plaindre aujourd'hui.

Que ce reproche feroit injufte
& dur ! & quelle différence d'un
fexe à l'autre, d'un homme mûr
à une fille qui fort pour la premiere fois de la maifon de fon
pere.   Toutes

Toutes les fois qu'il s'agit de la féduction d'une fille, on préfume que l'homme connoiffoit les loix, parce qu'il les viole à fon profit ; on ne le préfume point d'une fille, parce qu'elles font négligées pour fa perte : l'un audacieux & libre dans fa paffion conferve l'honneur dans les bras du plaifir ; l'autre dans un délire paffager trouve une honte éternelle. Un homme s'étudie lui-même à cacher aux yeux d'une femme ces loix qui avertiffent la pudeur ; une fille d'ailleurs nè s'occupe guere de ces graves objets : ce fexe foible & puiffant reçoit nos loix & nous donne les fiennes prefque fans le favoir,

B

aveugle & fatisfait d'obéir toujours, pourvu qu'il tyrannife un
moment.

Quand un homme a infpiré
à une jeune fille une paffion fatale ; quand il la ravit au joug
de fes parens & lui perfuade de
s'éloigner d'eux pour le fuivre ;
quand ces parens demandent fa
tête à la Juftice , pour le châti-
ment d'un tel crime : l'écoute-
riez-vous, Meffieurs, s'il répon-
doit, de quoi fe plaint-on ? J'ai
violé les loix , il eft vrai ; mais
cette fille les a violées comme
moi : je ne devois point ignorer
qu'on ne peut ravir une fille à
fes parens ; mais fes parens devoient lui infpirer l'obéiffance.

Je me fuis fait écouter ; mais
ils ont dû lui ordonner de n'é-
couter qu'eux feuls : elle a fuivi
un amant ; mais que ne l'atta-
choient-ils mieux à la vertu ?
Qu'ils fe plaignent donc à elle
qui a fi mal profité de leurs le-
çons , ou plutôt qu'ils fe plaignent d'eux-mêmes qui n'ont
pas fu les rendre efficaces : avec
cette défenfe le coupable iroit
à l'échafaud. On ne préfume
donc point ordinairement, dans
une jeune fille , cette pleine
connoiffance des loix qui diftin-
gue le crime de l'erreur. Mais
fi la juftice humaine fuppofe
cette ignorance dans une fille
qui fuit un ravifleur ; dans une

fille qui, durant le cours d'une longue intrigue , a reçu fans ceffe & de tous côtés tant d'éclairciffemens fur fon erreur ; une fille dont la réfiftance même prouve la faute : fi néanmoins la Juftice l'abfout , fi elle punit dans l'homme feul fa propre faute & l'erreur étrangere dont il a profité ; que prononcera-t-elle fur le fort de la femme malheureufe qui l'implore aujourd'hui ? Elle n'a point écouté dans le fecret des propofitions criminelles ; elle ne s'eft pas contentée des fermens frivoles d'un amant ; elle ne s'eft pas fouftraite à fa famille pour fuivre un raviffeur : que lui reprochera-t-on ? C'eft aux yeux de fa famille même, aux yeux d'un pere, d'une mere, d'un Miniftre de fa religion qu'elle reçoit un époux; c'eft par leur ordre, fur leur foi, qu'elle va dépofer dans fes bras, fon honneur & fon état: fi elle eft coupable, qui ne le feroit devenu comme elle ? En faut-il tant pour jeter dans l'erreur un cœur innocent, refpectueux, imbu des préjugés de la religion ? Qui lui eût dit dans ce trifte moment : cet homme dont vous recevez les fermens en préfence du Ciel, de fa famille & de la vôtre, vous chaffera comme une vile étrangere de fa maifon & de fon lit; eût-

elle pu le croire ? Tant de reſ-
pectables garants laiſſoient - ils
quelque place à la défiance ?
L'obéiſſance & le reſpect lui fai-
ſoient un devoir de ce qu'on
oſe lui imputer ici comme une
faute ; & l'on a pu qualifier de
concubine cette fille infortunée !
A ce nom injurieux la juſtice,
la décence & la pitié ſe revol-
tent. *Une concubine*, dit Puſen-
dorff, *eſt celle qui a commerce
avec un homme, ſans aucun engagement qui tienne en rien de
la foi du mariage, & qui ne
diffère d'une courtiſanne, qu'en ce
que celle-ci accorde ſes faveurs
à pluſieurs, & la concubine à un
ſeul.* Une concubine, Meſſieurs,

eft une femme coupable, qui se
livre volontairement au crime
qu'elle connoît : une concubine
eft une femme fcandaleufe, qui
affronte la honte , & marche
tête levée entre le vice & le
plaifir ; c'eft celle qui fait rougir fon fexe en corrompant le
nôtre; qui, mêlant l'attrait de la
liberté à celui du plaifir, dégoute
des unions plus légitimes, hâte
la chûte de la foibleffe, expofe
la vertu même aux attaques de
la débauche encouragée, ruine
les mœurs, trouble l'ordre public & profane la religion.

Une concubine quelquefois eft
celle qui n'affecte le myftere que
pour donner à fon commerce

honteux les apparences d'une
union fecrete & légitime ; qui,
couvrant la débauche du voile
de la religion, ne fauve le fcan-
dale que par l'hypocrifie. Mais
appeller d'un tel nom, une jeune fille, qui reçoit un époux
de la main d'un pere & d'une
mere, qui voit bénir fes liens
par un Miniftre de fa religion;
une fille, en un mot, qui a dû
entrer chafte dans le même lit
dont elle a pu fortir pudique :
c'eft trop cruellement outrager
le malheur & l'innocence ; &
puifqu'on ravit un époux à cette
femme, laiffons lui du moins la
vertu.

Si dans cet inftant, Meffieurs,

une concubine avérée ofoit fe
préfenter ici , pour vous demander en public le falaire de fes
vices ; fi dans le même moment
paroiſſoit cette jeune femme en
pleurs , la pudeur fur le front,
innocente , mais n'ofant prefque
pas le dire dans le fanctuaire des
loix qui réprouvent fon union ;
n'ayant enfin que ces mots pour
défenfe : *je fuis malheureufe* , &
vous êtes bons ; quel intérêt
différent ces deux femmes exci-
teroient dans toute cette affemblée ! On attendroit avec ironie
la condamnation de l'une , &
l'infortune de l'autre arracheroit
des larmes. Se pourroit-il qu'un
même arrêt les confondît toutes

deux fous la même infamie ?
Quoi ! vous verriez la débauche
effrontée rire , peut-être , d'un
affront qu'elle ne fent plus, &
l'innocence tomberoit à vos pieds
frappée d'un arrêt qui l'accable-
roit en public. Ah ! Meſſieurs ,
vous êtes juſtes, & vos cœurs fe
foulevent à ces odieuſes idées :
ne parlons plus de cet abus
qu'on a fait des termes pour
infulter une malheureuſe , & revenons à Jacques Roûx.

Cet homme , âgé de trente
ans ; cet homme, libre, inſtruit,
voudroit - il encore fe comparer
à cette jeune infortunée que tout
conſpiroit à tromper ? Dira-t-il
encore que leur erreur fût com-

mune ? Qu'il apprenne qu'un homme à fon âge & de fon état doit tout voir par fes yeux, & qu'une fille ne voit rien que par ceux d'une mere : fi quelqu'un eft préfumé coupable , c'eft lui feul ; mais quand ils le feroient tous les deux , quand tous les deux auroient parfaitement connu le vice de leur union ; je propofe fi celui qui refufe d'exécuter un engagement, même illicite, ne doit pas à l'autre des dédommagements ? Jufqu'où nous pouffons l'indulgence ! Roux pourroit - il efpérer de voir réduire fa caufe à des termes fi favorables ?

La queftion que je propofe

B vj

mérite bien d'être difcutée ; heu-
reufement j'en trouve la décifion
dans le commentaire de Pufendorff par Barbeyrac : on ne doit
rien perdre de ce qu'il dit , &
vous me permettrez, Meffieurs,
de vous rapporter ce paffage en
entier. *

 " Il me femble , dit-il , que
,, cette matiere de la validité des
,, conventions illicites n'a pas en-
,, core été traitée exactement, &
,, que l'on décide les queftions
,, d'une maniere un peu trop
,, générale , faute de faire at-
,, tention aux véritables princi-
,, pes , d'où dépend la folution
,, des divers cas qu'elle renfer-
,, me. Dans un contrat illicite

„ il faut diftinguer ce qui eft
„ contraire au droit naturel, &
„ ce qui n'eft illicite, que parce
„ qu'il y a quelque loi civile
„ qui le défend.

„ A l'égard des conventions
„ illicites, parce qu'elles font
„ contraires au droit naturel : fi
„ après s'être engagé à quelque
„ chofe de mauvais en foi, on
„ ne veut pas la tenir; celui en-
„ vers qui l'on s'eft engagé n'a
„ aucun droit de nous y con-
„ traindre, & il ne fauroit rai-
„ fonnablement fe plaindre qu'on
„ lui manque de parole. La rai-
„ fon en eft, qu'en matiere de
„ tout ce à quoi l'on s'engage
„ contre la loi naturelle, il y

,, a lieu de préfumer que l'on
,, ne confent pas avec une pleine
,, & entiere liberté, fur-tout lorf-
,, qu'il s'agit d'un crime , com-
,, me de blafphémer , de voler,
,, d'affaffiner. Lors donc qu'on
,, vient à fe repentir de cet en-
,, gagement criminel, celui à qui
,, l'on a promis doit nous en
,, tenir quitte.

,, Voilà pour ce qui regarde
,, les chofes mauvaifes en elles-
,, mêmes & contraires aux regles
,, invariables du droit naturel.
,, Mais quant à la validité des
,, conventions, qui ne font illici-
,, tes que parce qu'elles roulent
,, fur quelque chofe que les loix
,, civiles défendent , il faut dif-

,, tinguer fi l'on traite avec un
,, étranger ou avec un citoyen :
,, fi c'eft avec un étranger, il
,, faut exécuter l'engagement ou
,, le dédommáger. Mais lorfque
,, ceux qui traitent enfemble au
,, fujet d'une chofe défendue
,, par les loix civiles, font citoyens
,, d'un même Etat ; ils fe rendent
,, à la vérité fujets l'un & l'au-
,, tre à la peine, parce qu'ils peu-
,, vent ignorer la loi ; mais auffi
,, par cela même qu'ils ne l'igno-
,, rent pas , ils font cenfés traiter
,, enfemble comme s'il n'y avoit
,, point de loi là-deffus , & re-
,, noncer fur - tout au bénéfice
,, qu'elle peut accorder à l'un
,, d'eux. Ainfi , quoiqu'ils aient

,, mal fait de s'engager, cha-
,, cun doit, en tant qu'en lui eſt,
,, laiſſer ſubſiſter l'effet de l'en-
,, gagement & tout ce qu'il y
,, a ; c'eſt que, ſi l'on ne peut
,, exécuter la choſe, celui à qui
,, on l'a promiſe doit ſe conten-
,, ter de l'équivalent. ,,

Appliquons cette déciſion à
notre cauſe : nous convenons
tous que le mariage de Roux
& de la Robequin eſt nul ſelon
nos loix civiles ; nous conviendrons même, ſi on le veut, que
tous les deux connoiſſoient ou
devoient connoître le vice de
leur union dans ce Royaume :
mais doit - on en conclure que
Roux, en rompant cet engage-

ment illégitime , ne doit aucun dédommagement? Non fans doute : car fi ce contrat n'eft point illicite par fon effence ; s'il n'eft point condamné par cette éternelle loi de nature , qui caraétérife effentiellement le bon & le mauvais ; fi ce contrat enfin n'a contre lui que les loix civiles : alors , quoiqu'on ne puiffe en réclamer l'exécution , on peut exiger un dédommagement, un *équivalent* de la part de celui qui refufe le premier d'exécuter. Telle eft la décifion du commentateur de Pufendorff, & cette décifion eft très - conforme à la faine raifon. Il me femble en effet que deux perfonnes qui forment un engagement légitime en lui-même, approuvé par les loix naturelles, mais prohibé par les loix civiles, font cenfées avoir raifonné de cette maniere. " Ce " que nous promettons mainte- " nant l'un à l'autre ne bleffe " point notre confcience ; & " nous pouvons fans remords " exécuter notre engagement. Il " eft vrai que les loix civiles ne " l'approuvent pas ; & que , fi " l'un de nous refufe de rem- " plir fa promeffe, nous ne fau- " rions implorer leur fecours pour " l'y obliger : mais dans ce cas " il faut que le premier infrac- " taire foit tenu de dédomma- " ger l'autre contractant ; & ceci " eft un fecond contrat que nous

,, formons pour fubvenir au pre-
,, mier. Ce qu'il y aura même
,, d'avantageux , c'eft que les
,, loix civiles pourront protéger
,, ce dernier contrat , qui entre
,, parfaitement dans leurs vues,
,, puifque nous ne le formons
,, que pour le cas où nous obéi-
,, rons à ces loix , en n'exécu-
,, tant pas l'engagement auquel
,, elles s'oppofent. ,,

Après cela , Meffieurs , on n'a
qu'une queftion à propofer. Sa-
voir fi le contrat de Roux & de
la Robequin eft légitime en lui-
même ; s'il eft conforme aux loix
de la nature : cette queftion eft
bien grande , & nous nous gar-
derons de la traiter dans toute
fon étendue.

Un homme & une femme s'engagent à vivre enfemble dans cette union qu'on appelle mariage : cet engagement eft-il valide, & quelle eft fon étendue ? Tous ceux qui ont traité des loix naturelles nous difent que le mariage eft un véritable contrat, même dans l'ordre fimple de la nature , & qu'il en réfulte des obligations réciproques : quant à fa durée ils s'accordent peu fur les caufes du divorce ; mais ce n'eft pas ce que nous cherchons ici. Puifque tous les Publiciftes prononcent que le mariage eft un véritable engagement, un lien moral ; il faut bien que cela foit : mais il faut

convenir que leurs raisons ne
font gueres satisfaisantes ; cependant elles devroient se trouver
dans tous les cœurs.

Laissons ici toutes les idées que
la société nous a données sur le
mariage ; rien ne ressemble moins
à ce qui étoit que ce qui est ;
& peut-être de toutes les choses
naturelles , c'est celle que les
institutions humaines ont le plus
altérée : ce lien , le premier , le
plus doux lien de la nature , mais
si foible en apparence , à peine
formé par un plaisir passager ,
étoit peut-être mille fois plus
fort , mille fois plus durable que
ces chaines d'or fabriquées depuis par la politique & l'intérêt

pour rapprocher avec effort deux cœurs esclaves qui cherchent à s'échapper. Ce sont nos mœurs qui nous feroient douter que l'union du mariage, rendue libre, pût subsister plus d'un moment; & des hommes, qui veulent toujours jouir, seroient trop impatiens pour attendre le plaisir dans la même place où ils l'ont déja rencontré : mais ne confondons pas notre dépravation avec la nature ; l'homme simple & modéré dans ses desirs n'exige pas tant pour être heureux ; & dans la société originelle des deux sexes, quelques plaisirs semés sur l'espace de leur vie sont des points d'appui sur lesquels ils prolongent leur lien. Ce fujet touche l'homme de trop près pour qu'on ne me pardonne pas de le développer un peu davantage.

Imaginons la premiere rencontre de ces deux êtres que leur Auteur n'a fait fi différens que pour les unir ; avides de fe poffé der prefque avant de fe connoître; attirés & retenus par un inftinct impétueux ; fi féduifans l'un pour l'autre , que chacun femble abandonner l'amour de lui - même pour le tranfporter dans un autre ; ces deux êtres, que l'aimable & puiffante nature ne paroît anéantir un moment , que pour conferver fon ouvrage, & tirer d'un tranfport aveugle l'ordre conftant des générations.

Imaginons que, charmés l'un de l'autre, tous deux s'engagent à vivre dans une union fans partage. Quelle feroit la valeur de ce contrat? Le premier caprice, le premier dégoût, le premier defir n'autorifera-t-il pas à le violer? & que pourra-t-on reprocher à celui qui, ne l'ayant formé que pour. le plaifir, le rompra pour la même caufe?

J'avoue que dans fon principe l'union du mariage n'a pas la force que le temps lui donnera bientôt; cependant elle forme un vrai lien moral, un véritable contrat.

Premiérement,

Premierément, parce que chaque partie s'engage librement.

Secondement, parce que cha-
cune s'impofe les mêmes devoirs
pour recueillir les mêmes avantages.

Troifiémement, parce que ces
avantages font bien plus grands
que les devoirs ne font gênans.

A quoi fe réduifent ces devoirs? A vivre dans une fociété,
qui eft la fource de mille fecours,
de mille douceurs ; à garder
une fidélité qui coûte bien peu
à des perfonnes bornées aux
defirs modérés de la nature.

Quel motif fuffifant pourroit
apporter l'un des deux époux
pour violer fon engagement?

C

Seroit - ce pour vivre seul ? il perdroit trop à ce changement. Seroit - ce pour s'unir avec un autre ? Mais seroit - il sûr d'y trouver plus d'avantages? Quelle raison auroit-il de le croire ? Ne s'exposeroit - il pas d'ailleurs à de justes reproches, même à la vengeance , autant qu'elle peut s'exercer entre les deux sexes : en un mot, tant que l'un des deux s'opposeroit à cette séparation, cette voix forte & secrete , qui nous avertit de ne pas faire à autrui ce que nous ne voudrions pas qu'on nous fît à nous - mêmes, n'arrêteroit - elle pas infailliblement les dégoûts si rares dans un être sensible, qui n'a goûté que peu

de chofe ? Et quand même il
étoufferoit ce remords ; le feul
remords prouveroit l'obligation
morale.

Mais bientôt cette union reçoit une force toute nouvelle ;
fes effets deviennent fenfibles ;
la femme devient mere : c'eft
alors qu'un nouvel inftinct fe
fait fentir ; des fentimens in-
connus fe développent, & les
cœurs s'uniffent par un intérêt
plus tendre & plus durable que
celui du plaifir.

Ce changement dans lequel
l'homme reconnoît confufément
fon ouvrage , je ne fais quelle
efpérance inquiete, une curio-
fité preffante fur ce que l'avenir

C ij

lui promet , la vive pitié des maux que fa compagne fupporte, & dont il eft l'unique auteur ; tout la lui rend plus chere & refferre fes premiers liens.

Combien alors cette union devient refpeɕable & facrée ! Quel inviolable droit les deux fexes acquierent de ce moment l'un fur l'autre. Une femme gardienne d'un dépôt fi cher oferoit - elle fe féparer d'un époux & lui ravir ce qui ne lui appartient pas moins qu'à elle ; & lui, pourra-t - il abandonner fa compagne dans l'inftant même où il l'a réduite à ne pouvoir fe paffer de fes fecours : le cœur humain n'eft ni injufte ni barbare ; & fi

nous favions mieux le confulter ,
nous ne propoferions jamais ces
problêmes qui le déshonorent.
Ainfi le contrat de mariage , mal
affuré dans fon origine fur l'inftinct d'un plaifir fugitif, eft maintenant fondé fur le devoir : l'honneur , la bonne foi , la pitié ,
le fouvenir du paffé , l'efpérance de l'avenir ; tout affervit le
cœur fous la raifon , tout donne
à cet engagement la moralité
qui paroiffoit d'abord lui manquer.

La nature ne fait rien à demi,
& dans fes mains chaque évé-
nement eft un moyen invincible
pour l'exécution de fes plans :
je l'admire, lorfque je confidere

la force incroyable qu'elle fait
ajouter encore à l'union des
deux fexes.

Au terme qu'elle a prefcrit,
la femme met enfin au jour le
fujet de tant d'alarmes & d'efpérance : quel moment dans
l'hiftoire de l'homme ! Etonné
de fon ouvrage, il fe voit tout
à coup reproduire dans une créature femblable à lui ; & dans le
même inftant tout l'amour de
lui - même vient fe confondre
dans cet être étranger ; dans cet
inftant il eft prêt à facrifier fa
vie pour un enfant qui lui eft à
peine connu : quelle révolution
dans le cœur ! L'amour conjugal
n'a plus de bornes, & l'amour

paternel l'égale dès fa naiffance.
Cet intérêt de l'homme pour
fon ouvrage , qui n'étoit aupa-
ravant qu'une confufe émotion ,
devient tout à coup le fenti-
ment le plus tendre qui fût jamais ; moins terrible , moins fu-
rieux que l'amour , mais plus
durable & plus puiffant peut-
être.

Voilà l'époque intéreffante où
le contrat du mariage reçoit
toute fon énergie : les fentimens
d'un pere & d'une mere , fe
rencontrant fans ceffe dans un
fujet commun , fe confondent
mille fois en un jour ; c'eft le
moment où la nature femble leur
payer, par des plaifirs tout nou-

veaux, le bienfait qu'elle en a reçu, & bénir dans sa simplicité une union qui perpétue son ouvrage.

Peres sensibles ! si vous m'écoutez ici, vous rendez, j'en suis sûr, au fond de vos cœurs, témoignage à cette vérité ; vous vous rappellez ce moment où vous reçûtes pour la premiere fois, dans vos bras tremblans de joie, un enfant qui vous devoit la vie ; où vous lui sourîtes en versant des larmes ; où les moindres gémissemens de cette créature innocente vous faisoient tressaillir tout entier : lorsque pressant contre votre sein & la mere & l'enfant, entraîné

par des fentimens contraires ,
vous étiez partagé entre la com-
paffion & la joie ; eutes - vous
befoin alors de vous fouvenir
des formalités de nos loix, pour
vous contraindre à la tendreffe?
doutâtes - vous alors que votre
engagement prît fa fource dans
la nature? Dites , dites donc, fi
vous le pouvez, à cette femme
expirante, que vous ne lui de-
vez rien qu'au nom des loix humaines; fi vous le pouvez , re-
pouffez cet enfant de votre fein.
Vous pleurez ! C'eft ainfi que
répond la nature.

Qu'on raifonne tant qu'on
voudra ; j'abandonne ici cet
avantage , & je préfere de fen-

C v

tir : pourquoi fe faire raifon-
neur , quand il ne s'agit que
d'être homme ? A quoi bon des
analyfes favantes , quand on n'a
befoin que de l'équité naturelle ?
Je dirois volontiers à ces hommes : vous avez parlé ; maintenant dites - nous ce que vous
penfez.

Oui, Meffieurs, dans l'ordre
naturel la fimple promeffe que fe
font les deux fexes , de vivre
dans l'union du mariage , forme
le plus légitime contrat. Je n'ai
fait qu'ébaucher cette vérité ;
mais, fi les circonftances me le
permettoient , j'acheverois de
montrer l'union néceffaire des
deux fexes pour l'éducation de

leur enfant : je demanderois fi
cet enfant croiffant fous leurs
yeux & pour leur joie ; fi fes bras
innocens dont il les embraffe
tous deux en fe jouant , ne font
pas des chaînes plus fortes que
nos loix : je montrerois fur-tout
comment l'éducation du premier
enfant étant prolongée néceffai-
rement fort au delà du terme
où la femme devient féconde
une feconde fois , la nature
étend infenfiblement les liens du
mariage , en les fortifiant chaque année d'un nouveau nœud ;
& fuivant ainfi pas à pas les
progrès de fes deffeins , nous
admirerions l'artifice dont elle
forme , du concours fortuit des

deux fexes , l'union la plus durable , affemblant déjà les familles , & préparant le germe
des empires.

On voudroit jeter des doutes
fur la légitimité du contrat de
mariage fondé fur le feul con-
fentement des parties confidé-
rées dans l'état de nature : mais
à quoi nous expofe-t-on ? S'il
étoit vrai que les loix civiles
euffent tout fait ; fi cette union
n'avoit fon principe dans le
cœur , on nous en raviroit la
douceur. Pourquoi des époux
s'aiment-ils ? Et pourquoi s'aiment-ils conftamment ? Eft-ce un
de nos decrets ou bien celui de
la nature ? Les loix humaines

peuvent bien inventer des for-
mules, gêner les actions ; mais
difpofent-elles des cœurs ? Peu-
vent-elles commander aux époux
de s'aimer ? C'eft la nature qui
le veut , & c'eft affez d'honneur pour nos loix de la bien
feconder. Que fait-on donc ici
en conteftant la validité de ce
contrat naturel ? on veut em-
poifonner dans leur fource des
eaux dont nous fommes obligés
de nous abreuver dans leurs
cours.

Je n'en dis pas davantage ;
& peut-être , Meffieurs , vous
m'accufez déjà de m'être laiffé
trop entraîner à ces idées in-
téreffantes : je reviens donc aux

juſtes conſéquences qu'elles m'offrent pour cette cauſe.

Je me crois en droit de poſer maintenant comme un principe inconteſtable, qu'à ne conſidérer que les loix naturelles, un homme & une femme, qui ſe promettent formellement de vivre dans l'union du mariage, forment un contrat légitime en lui-même ; & de là je conclus d'abord, que J. Roux & la Robequin en ſe choiſiſſant pour époux, devant un Notaire, en préſence de leurs familles, ont contracté un engagement qui ſeroit reſpectable dans l'ordre naturel.

J'avoue qu'il eſt dépourvu des

formalités que nos loix civiles
ont droit de prefcrire , & que
ce défaut rend le contrat fans
effet dans notre fociété politique ; mais que doit - on inférer
de là ? Ce que Pufendorff , ce
que Barbeyrac , ce que bien
d'autres Publiciftes , ce que l'é-
quité , pour tout dire , en in-
férent ; c'eft que J. Roux ne
pouvant , à caufe de la prohibition des lolx civiles , exécuter
ce contrat , quoique légitime en
lui-même, doit rendre à la Robequin l'équivalent des avantages qu'il en auroit tiré. Or, je
demande quel eft cet équivalent :
les avantages du contrat que
cette femme avoit formé, étoient

un époux , un protecteur , un
état , un afyle pour fa vie entiere , des plaifirs avec innocence , l'intégrité de fon honneur,
en un mot, l'union la plus douce
& la plus durable. Quel eft l'é-
quivalent de tous ces biens qu'on
lui ravit ? Eft-ce les trois cents
livres qui lui font offertes ? Eft-ce
les douze cents livres qu'elle
demande ? Que J. Roux y joi-
gne encore toute fa fortune, &
rien ne fera réparé : voilà comme
l'injuftice compte. Laiffez - lui
apprécier l'honneur & le repos ;
à peine elle offre un peu d'argent pour tout cela : mais nous,
Meffieurs , nous devons nous
plaindre que de telles pertes ne

foient réparées que par l'argent;
quel rapport l'honneur a-t-il avec
nos monnoies ? Louons donc ici
la modération de cette femme,
ou plutôt plaignons fa timidité,
qui a mis à fi bas prix des biens
ineftimables.

Un moyen de défenfe de J.
Roux, qui, je l'avoue, m'a
paru bien révoltant, c'eft de
reprocher à Marie Robequin de
n'avoir point fait réhabiliter fon
mariage.

D'abord, je demande à cet
homme pourquoi lui-même n'a
pas propofé cet expédient, dont
il a le front de reprocher l'oubli ? Vous avez entendu fon excufe, Meffieurs ; mais l'avez-

vous approuvée ?. Cette femme ,
dit-il , venoit de fe pourvoir en
féparation contre moi , pouvois-
je lui offrir de faire réhabiliter
une union qu'elle vouloit rompre ? Mais fi J. Roux a jugé que
Marie Robequin avoit des raifons pour rejeter ce parti , il ne
doit donc pas la blâmer de ne
l'avoir point demandé ; d'ailleurs
quelle foible raifon eft celle-là ?
Parce que cette femme deman-
doit à être féparée, elle n'auroit
pas confenti à faire réhabiliter fon
mariage : y a-t-il quelque pro-
portion entre ces deux chofes?
Une femme peut craindre de
vivre avec un époux infociable ;
mais elle craindra bien davan-

tage d'être déshonorée & privée du titre même d'épouse : le danger le plus grand fait oublier le moindre ; & l'on se jette-roit dans les bras d'un monstre, pour éviter un affreux précipice. Que J. Roux est avare même des formalités de l'équité. A qui des deux étoit-ce à proposer la réhabilitation du contrat? à celle qui le regardoit comme légiti-me, ou bien à celui qui le croyoit insuffisant ? J. Roux prévoyoit qu'on le refuseroit ; mais lui en coûtoit - il beaucoup pour s'en assurer ? Pourquoi ne mettoit-il pas au moins cette vaine céré-monie de son côté ? Etoit - ce trop pour pallier tous les maux qu'il avoit faits ? Ce n'eſt pas J. Roux qui nous expliquera tout cela ; c'eſt cette fille enceinte & débauchée dans ſa propre maiſon, cette fille qu'il ſe préparoit déjà pour ſeconde femme.

On ne conçoit pas comment cet homme a oſé propoſer contre la Robequin l'omiſſion d'un acte de juſtice dont lui ſeul étoit chargé, ou que du moins il devoit exécuter le premier.

Mais ce qui me touche bien davantage, c'eſt qu'il ſeroit ſouverainement injuſte d'imputer à Marie Robequin, non ſeulement l'oubli, mais le refus même de faire réhabiliter ſon mariage : qu'étoit-ce en effet que lui pro-

poſer cette réhabilitation ? C'é-
toit lui propoſer de quitter ſa
religion. Eſt-ce donc ainſi que
les converſions s'operent ? Depuis quand a-t-on vu choiſir un
Huiſſier pour Miſſionnaire , &
faire ſignifier à quelqu'un de ſe
convertir ? Oui , Meſſieurs , je
dis que , quand même J. Roux
eût offert publiquement à Marie
Robequin la réhabilitation de
ſon mariage , cette femme eût
pu , ſans crime , ſans aucune
faute , ſans rien perdre de ſes
droits, refuſer , de la part d'un
homme , une offre qu'il n'appartient qu'à Dieu de faire ; cette
femme infortunée eût pu dire :

Vous me propoſez de ſacrifier

ma religion pour un époux, vous
qui avez facrifié votre époufe à
la religion ; vous voulez que,
pour conferver vos fermens, je
me parjure envers Dieu, & que
je vous achete au prix de ma
confcience : fi c'eft ainfi que vous
avez agi, vous méritez la haine
de Dieu & des hommes ; &,
fi votre converfion eft fincere,
vous êtes bien injufte de me
prefcrire ce que vous n'auriez
pas fait vous-même. Voyez l'é-
tat où vous me réduifez ! vous
me preffez entre les remords &
l'infamie, & je ne puis éviter
l'opprobre public, qu'en deve-
nant en horreur à moi-même :
vous me forcez de murmurer

contre votre religion qui vous détrompe , & contre la mienne qui fait mon infortune. Je fuis dans l'erreur , dites-vous , plaignez-moi doublement ; & vous, qui jouiffez de la vérité, adouciffez mon malheur , puifque Dieu feul peut remédier à mon aveuglement. Vous-même, n'en doutez pas , vous répondrez dé mon erreur ; c'eft vous peut-être qui m'éloignez d'une religion où le premier exemple que vous m'offrez eft un acte d'injuftice. Oui, laiffons les hommes & leur juftice ; que Dieu feul juge entre nous : lequel l'offenfe le plus , ou de vous qui profeffez fa religion fans l'obferver , ou de moi qui refufe de la profeffer fans la croire? Qu'il voie les maux que vous m'avez faits, & que vous ne voulez pas réparer : vous m'avez enlevée du fein de ma famille, pour me nommer votre époufe ; vous avez exercé fur moi des droits que la vertu feule pouvoit vous accorder ; vous m'avez deux fois rendue mere : j'avois un état, un nom, de l'honneur, vous me raviffez tous ces biens en me chaffant de votre lit ; & lorfque, fans ofer réclamer le titre d'époufe que vous m'aviez donné, je me borne à demander quelques réparations pour des maux irréparables, vous refufez ce que vous n'auriez jamais

jamais dû vous faire demander.
Vous refusez, pour dédommager
l'innocence , un prix dont le
crime ne fe contenteroit pas pour
falaire ; & vous traitez celle qui
fut la compagne de votre honneur , plus indignement que le
vil rebut de vos plaifirs : que
dis-je ? C'eft le titre que vous
lui avez donné. Vous ajoutez
l'outrage au refus ; vous impo-
fez un nom fcandaleux à notre
union formée au nom de Dieu
même : la honte ne vous coûte
rien , pourvu que je la partage
avec vous ; & vous ne craignez
pas de vous accufer de débauche , pour vous exempter de
juftice. Sont-ce là les préceptes

D

de votre religion ? Eſt - ce ainſi que vous me la prêchez ? Craignez de faire rougir vos nouveaux freres , en décriant leur religion par vos exemples, mille fois plus que vous ne l'appuyez par votre converſion.

Pardonnez ce langage, Mrs. il n'eſt pas indigne de mettre dans la bouche d'un Miniſtre public les paroles de l'infortuné ; ce n'eſt pas pour les hommes heureux que nous ſommes établis , c'eſt pour ceux qu'on opprime : plût au Ciel que leurs plaintes , en paſſant par notre organe , acquiſſent une force qu'elles n'ont jamais ſous les dehors rebutans de l'infortune !

Plus j'obferve la conduite de
ce nouveau converti , plus j'y
trouve de fujet de le condamner ; fur-tout je fuis effrayé du
chemin qui femble l'avoir con-
duit à notre religion. A peine il
a vécu deux ans avec la Robequin , qu'il corrompt une fer-
vante de fa maifon ; les fruits
en parurent bientôt , & cette
fille devenue groffe fait une déclaration contre lui : fa femme,
car elle portoit encore ce nom,
veut fe plaindre de ce commerce,
& il ne juftifie l'infidélité que
par l'injure ; fes violences obligent la Robequin à defirer d'être
féparée de lui. C'eft alors qu'il
la prévient , & lui dit : je ne

vous connois plus , & jamais vous
ne fûtes ma femme. Cette mal-
heureuse étoit enceinte dans le
temps de cette affreuse déclaration ; il accabla d'un seul mot
& la mere & l'enfant , & les
repoussa de son sein avec les
marques de la honte & du dégoût : dans ce malheur , elle
implore de la Justice le secours
qu'elle pouvoit en attendre ; sans
prétendre renouer son funeste
mariage, elle en exposa les fruits,
demanda des dédommagemens,
déclara sa grossesse , & voulut
déposer dans les bras de la Justice
cet enfant rejeté par son pere ,
même avant que de naître.

Voilà le temps que Roux choi-

fit pour faire éclater fa converfion : il entre dans notre Eglife,
& la premiere chofe qu'il demanda à notre religion , c'eft
une feconde femme , une femme
qui mette entre la premiere &
lui une barriere infurmontable.
Je ne puis m'empêcher de le
dire : eft - ce ainfi que s'annon-
cent les decrets de Dieu ? La
débauche , la violence , l'injuftice & la dureté font-elles la
voie de nos autels ? Choifira-t-on
les temples d'amour & de charité pour immoler la juftice &
la pitié? n'embraffera-t-on cette
religion divine que pour l'infulter de plus près? Je ne fais fi
je devrois modérer davantage

ces reproches ; mais je fais que jamais converſion n'a eu des ſignes plus ſuſpects. J'oſerois ici, Meſſieurs, vous rappeller l'action d'un grand homme qui, dans le ſiécle dernier, refuſa de changer de religion, lorſque ſon Roi promettoit des récompenſes à ſon changement : il rougit d'une converſion qu'on eût pu ſoupçonner, & prolongea l'exemple de l'erreur, pour éviter celui du ſcandale. Jacques Roux n'eſt pas *Turenne*, mais il doit être *juſte* comme lui ; il ne doit point outrager Dieu, & ſe déshonorer lui-même en démentant notre religion à l'inſtant même qu'il l'embraſſe.

On veut que nous refpections la converfion de J. Roux ; on nous dit qu'il ne faut pas fonder les cœurs : peut-être il ne faut pas les fonder, lorfque les actions font bonnes ; peut-être il ne faut pas fonder les cœurs, lorfque du moins ils prennent le foin de fe cacher : mais lorfque les actions font nuifibles ; mais, lorfqu'en frappant fur une vaine fuperficie, on entend gémir au dedans les fentimens odieux qu'elle couvre ; il ne faut pas fonder les cœurs : mais, lorfqu'ils fe montrent à découvert, faudra-t-il nous aveugler pour ne pas voir ce qu'ils étalent ? Une telle maxime ne paroît ici que

le langage dérifoire de l'hypocrifie.

Une citoyenne a fouffert le
plus grand préjudice qu'elle puiffe
fouffrir ; elle nous demande juftice : que cherchons - nous ici ,
& que devons - nous chercher ?
Si l'auteur de fa ruine doit la
réparer, autant qu'il eft en lui ;
que cherchons-nous encore ? Si
du moins , en le condamnant,
l'erreur & la bonne foi pourroient
faire adoucir fon arrêt. Il faut
bien jeter les yeux fur cet homme
pour juger de tout cela : vou-
droit-on que la Juftice baiffât les
yeux devant lui , qu'elle pliât le
genou devant fa converfion ? Mais
comment s'offre-t-il à fes regards ?

il mene à nos Autels une femme
adultere de son propre aveu, qui
lui inspira dans la débauche les
premiers dégoûts d'une union
innocente ; à ces dégoûts nous
voyons succéder la violence ; aux
reproches il répond par des menaces, & les effets suivent les
menaces : & quels sont ces effets?
c'est une conversion ; c'est un
mariage sacré : il se hâte de légi-
timer les vices d'une concubine,
pour ne pas même laisser à une
femme vertueuse le temps de sor-
tir de son erreur, & l'espérance
de renouer un lien respectable ;
& l'on voudroit nous faire ado-
rer une conversion ainsi produite!
on voudroit la faire triompher

D v

par nos mains fur les ruines
d'une infortunée : non, Meffieurs; excufez la liberté de mon
miniftere, je me refufe autant
qu'il eft en moi à ce projet qui
révolte mon ame, & je ne puis
céler la vérité qui me frappe
comme la lumiere du jour.

Qu'on ne nous reproche pas
ici de nous faire arbitres des
confciences : nous ne demandons
pas fans doute que cet homme
foit rejeté du fein de notre
Eglife; nous ne demandons pas
que fon premier mariage foit
rétabli; nous ne demandons pas
que le fecond foit anéanti : qu'il
jouiffe, quel qu'il foit, du bienfait de nos loix! que, fous leur

autorité, il fe faffe un état nouveau ! nous ne prétendons pas
l'y troubler ; mais, en jouiffant
de ce nouvel état, qu'il répare
celui d'une autre qu'il a ruiné ;
& lorfqu'il viendra nous alléguer
fa converfion & fa bonne foi,
c'eft alors que la Juftice lui dira :
montrez-vous & rendez compte
de votre cœur. Vous dites que
votre converfion eft fincere ; n'im-
putez donc qu'à vous-même de
l'avoir environnée de circonftances qui l'accufent à nos yeux
d'impofture.

Le vif intérêt que cette caufe
m'infpire, me feroit répéter cent
fois les mêmes raifons ; je le
contrains, & je refpecte vos mo-

D vj

mens; je vais même réparer, en
peu de mots, le défordre qu'il
a pu jeter dans ce difcours : je
vous offre, Meffieurs, le réfultat
des raifonnemens que j'ai faits
fur ce procès.

En fuppofant que J. Roux fût
dans l'erreur, & qu'il eût contracté fon premier mariage de
bonne foi ; il n'en doit pas moins
dédommager la femme qu'il abandonne , parce qu'en général ,
on doit réparer tout dommage ,
même caufé par erreur : c'eft ce
que la loi naturelle prefcrit, & ce
que les loix pofitives ordonnent
auffi avec bien plus d'étendue.

Si l'on regarde l'erreur de J.
Roux comme une faute légere ,

parce qu'elle est fondée sur l'ignorance des loix qu'il devoit connoître ; la question du dommage devient bien moins favorable pour lui.

Quand même on supposeroit que la Robequin a commis la même faute que lui, & qu'elle devoit connoître les loix ; cette présomption n'empêcheroit pas que Roux ne fût obligé de la dédommager : nous l'avons prouvé par l'exemple de tous les séducteurs, qu'on punit seuls d'une faute toujours partagée par celle qu'ils ont séduite.

Nous sommes allés plus loin, & nous avons dit, qu'à supposer même que tous les deux,

la Robequin & J. Roux , avoient
une pleine connoiſſance de l'illé-
gitimité de leur mariage & de
la diſpoſition de nos loix; Roux
ſeroit encore tenu à des dommages , parce que leur contrat
n'étant point illicite par ſa nature , n'étant tel au contraire
que par la diſpoſition des loix
civiles, les parties ſont réellement
obligées , l'une envers l'autre ,
dans toute l'étendue du droit
naturel ; & que devant prévoir
les empêchemens que les loix
civiles pourroient apporter à l'e-
xécution de leur engagement,
elles ſont reſpectivement garan-
tes de tout le dommage que
pourra cauſer celui qui , le pre-

mier , aura recours aux loix civiles pour arrêter l'effet d'une
obligation naturelle.

Enfin , Meſſieurs , & voici le
vrai point de vue de la cauſe :
ſi J. Roux a violé la bonne foi ,
ſi ſa conſcience eſt ſuſpecte , s'il
a nui parce qu'il a voulu nuire ;
il ne reſte plus dans cette der-
niere ſuppoſition que des regrets
ſur la modération timide d'une
malheureuſe , qui n'a pas aſſez ap-
prétié des pertes ineſtimables ,
& qui a plus craint de ne rien
obtenir , que de ne pas demander aſſez.

Il nous ſemble qu'on ne peut
guere enviſager ce procès ſous
d'autres faces : ſous aucune il

n'eſt juſte ; ſous pluſieurs il eſt odieux.

Si la Robequin avoit d'autres Juges, je craindrois qu'une fauſſe idée de bien public & de religion n'étouffât la juſtice & la pitié ; peut-être d'autres hommes craindroient que la réparation accordée au mariage de ces Proteſtans , ne favorisât l'union des autres & ne les retînt dans leur égarement.

Jacques Roux vous a bien fait enviſager tous ces dangers : cet homme eſt vraiment extraordinaire ; il veut ſe confondre avec notre religion ; on ne peut le toucher ſans la bleſſer ; il eſt ſacré comme elle. Laiſſons-le

dire : jamais notre religion n'eut
rien de commun avec l'injuſtice ;
jamais l'équité n'eut de facheu-
ſes ſuites.

Nous favoriſerions les mariages des Proteſtans : mais de
quels mariages veut-on parler ?
Eſt-ce de ceux qui ſont faits,
ou de ceux qu'on pourroit faire ?
Si l'on parle des mariages qu'on
pourroit faire, certainement ce
n'eſt pas les perſonnes de notre
ſexe que nous encouragerons à
les contraĉter ; puiſque nous leur
ôterions le motif le plus ſéduiſant
pour les hommes, l'eſpoir de
changer impunément, & qu'ils
deviendroient ſans doute plus
circonſpeĉts à former un lien

qui coûteroit fi cher à rompre.

Sera-ce donc les filles proteftantes que nous exciterons au
mariage? Quelle fauffe idée du
cœur humain ! on veut qu'une
jeune fille calcule froidement la
perte de fon honneur avec un
intérêt pécuniaire ; qu'elle dife :
je puis rifquer la honte, parce
que je m'en confolerai avec la
fortune. Encore une fois ce n'eft
pas là le cœur humain ! d'ailleurs c'eft notre fexe qui fait
les mariages ; une fille attend
une priere qu'elle defire : rebu-
tons feulement les hommes, &
les filles proteftantes n'auront
plus d'époux.

Que dirons-nous des maria-

ges déjà faits ? Eſt-il vrai que
nous renforcerions ces liens illé-
gitimes ? C'eſt-à-dire , que dé-
ſormais les Proteſtans mariés
trouveroient leur converſion trop
chere , pour l'acheter au prix
de l'équité : l'entendez - vous ,
Meſſieurs ? on nous menace de
ne pas livrer à notre religion des
hommes qui compteroient avec
Dieu, de ce que la vérité coûte,
& de ce que l'erreur produit. Si
les Proteſtans n'en ont que de
tels à nous offrir , nous ne craignons pas d'être démentis par
les Miniſtres de notre religion ;
nous n'en voulons point, & nous
avons déjà trop de Catholiques
infideles, ſans en acquérir d'hy-
pocrites.

Et voilà, Messieurs, le véritable
danger qui doit effrayer un cœur
vraiment religieux. Craignons
moins de manquer de Profélytes
que de Fideles ; craignons , en
voulant fortifier notre religion
par le nombre , de la déshonorer par le choix : elle offre déjà
les honneurs & les privileges ;
elle n'a pas befoin de ce fecours : mais fi nous y joignons
l'attrait de l'incontinence ; des
hommes impurs fe précipiteront
vers notre Eglife , comme les
fcélérats dans un afyle ; le dégoût de l'inconftance fe travef-
tira en amour de la vérité, &
pour changer de plaifir, on fein-
dra de quitter fon erreur. Que

dis-je ? pour fe parjurer impunément envers une femme , on viendra fe parjurer envers Dieu ; & les
Apôtres d'une religion fi pure feroient l'injuftice & la débauche.

Voyez Geneve, Meffieurs, cette
ennemie de Rome catholique;
tous les jours elle reçoit dans
fon fein des déferteurs de notre
Eglife : mais qui font ces Apof-
tats ? des Prêtres las de leur
chafteté ; des Religieux mutinés
contre leur regle ; des hommes
qui fous des loix moins féveres
viennent mettre leurs vices en
liberté : auffi , Meffieurs , pen-
fez-vous que Geneve , vertueufe
d'ailleurs , s'enorgueilliffe de ce
qu'elle nous ravit? Elle a rougi

de ces conquêtes ; & j'ai vu
moi-même traiter ces hommes
fufpects, comme des traîtres qu'on
careffe & qu'on abhorre. La pire
religion eft pour eux la meil-
leure ; & s'il en étoit quelqu'une
où l'on profeffât la licence avec
impunité, ils la choifiroient pour
abjurer toutes les autres.

On ofe nous dire que nous
arrêterons les converfions ; mais
les converfions font-elles l'ouvrage des hommes ? Qui peut
fufpendre un changement, quand
Dieu l'aura médité ? c'eft fa
main & fa main feule qui choifit
au loin les cœurs pour les tranfporter fur fes autels ; tout ce
que peuvent les loix humaines,

ce n'eſt pas de produire la converſion, mais d'empêcher qu'on
ne la feigne ; c'eſt d'enlever à
l'hypocriſie le mobile de l'intérêt. Loin donc de détruire
entre nous & les Proteſtans ces
utiles barrieres, laiſſons-les comme une marque de courage à
qui pourra les franchir. Qu'importe à un homme, à qui Dieu
commandera de venir à lui,
qu'on exige le ſacrifice d'une
partie de ſa fortune : ce ſacrifice ſera pour lui le témoignage
éclatant de ſa ſincérité ; & laiſ-
ſant ailleurs de vaines dépouilles,
pour nous apporter un cœur pur,
il ſe rendra digne de notre religion, même avant de la pro-
feſſer.

Nous , comme on nous l'a
tant dit , nous qui ne lifons pas
dans les cœurs , c'eft à ces marques vifibles que nous reconnoî-
trons ce qu'ils cachent ; & s'il
eft permis d'apporter ici un
exemple profane , nous imite-
rons ces Spartiates qui rejetoient
tous les enfans qui ne donnoient
point des fignes de vigueur. Enfin , Meffieurs , revenons à ces
maximes capitales : nous ne pouvons empêcher les converfions
finceres ; mais , quand l'homme
auroit un tel pouvoir , il feroit
mille fois moins dangereux de
fufpendre les vraies converfions,
que de favorifer les mauvaifes.

Banniffons donc ces vaines
idées

idées dont on veut effrayer nos consciences ; & rétablissons à leur place, & l'utile & le vrai : le vrai, est que toute promesse exige la fidélité ; que tout serment mérite du respect ; que tout dommage doit être réparé : l'utile, est d'obliger les hommes à remplir leurs engagements, à respecter leurs sermens, à réparer leur tort.

Beaucoup d'hommes ici pourront reconnoître le vrai, comme vous, Messieurs ; mais vous seuls avez l'heureux pouvoir de faire ce qui est utile : ces Audiences solemnelles qui attirent le concours des citoyens, font autant de spectacles publics où la bienfaisance & l'équité distribuent

E

aux hommes par vos mains leurs utiles préfens. Chaque arrêt doit être une inftruction de la vertu, & vous prêchiez la morale en la faifant obferver.

Voici peut-être la plus digne occafion de faire briller vos fonctions. Cette caufe dans fon fimple appareil ne frappe guere au premier afpect; on ne voit d'abord qu'une femme éplorée : elle intéreffe fans doute ; mais fa caufe cache bien d'autres intérêts ; fa caufe eft celle de toutes les perfonnes de fa fecte. Renfermés dans cette étroite enceinte, nous ne le voyons pas ; mais dans les lieux de fa naiffance, dans tous les lieux voifins,

au-delà même de cette Pro-
vince, tous les Proteftans, inf-
truits des maux que cette femme a foufferts pour leur religion,
attendent avec inquiétude une
décifion qui fera peut-être leur
deftinée comme la fienne. A peine
votre arrêt fera prononcé dans
ces murs, qu'il retentira jufques
aux rochers des Cevenes; & les
bouches les plus inconnues & les
plus groffieres le répéteront comme un cantique de paix ou comme
un ordre de profcription. Ces hommes étrangers n'ofent faire éclater leurs prieres, mais la juftice
& la pitié me les redifent; je dois
vous les déclarer à leur place, &
tous vous difent ici par ma bouche :   E ij

" Une de nos filles est outra-
„ gée; nous partageons, nous
„ ressentons tous ses maux : en
„ vous demandant justice pour
„ elle, elle vous la demande
„ pour nous ; c'est au nom de
„ notre religion qu'on l'insulte ;
„ nous sommes tous insultés avec
„ elle. Magistrats équitables,
„ regardez-nous, & voyez qui
„ nous sommes ; songez qu'il
„ n'y a pas un siecle que nous
„ étions vos concitoyens; son-
„ gez que nous sommes encore
„ vos freres : autrefois vos filles
„ étoient nos femmes, & nos
„ fils devenoient vos gendres,
„ nous ne faisions qu'un peuple
„ avec vous ; aujourd'hui nous

,, fommes des infortunés : mais
,, enfin nous fommes François;
,, nous avons la même Patrie,
,, le même Evangile, le même
,, Dieu que vous : au nom de
,, ce Dieu même qui prêcha la
,, juftice & la charité, que la
,, haine de notre religion ne
,, vous irrite pas contre nous ;
,, aimez-nous d'abord, & jugez
,, nous après. Vous, dont on
,, vante l'équité pour tous les
,, autres, ne nous exceptez pas
,, de vos devoirs; rendez-nous
,, la juftice pour nous ; ren-
,, dez-nous-la pour vous-mê-
,, mes. Magiftrats, qui aimez le
,, bien public, fongez que c'eft
,, nous qui dans le midi de vos

„ Provinces labourons vos terres,
„ & filons votre foie; nous fup-
„ portons les charges du citoyen
„ fans prétendre à fes privileges ;
„ nous faifons dans l'Etat tout
„ ce qui eft utile, fans efpérer
„ rien de ce qui eft honorable :
„ renfermés par vos loix dans la
„ profeffion de nos Peres, nous
„ cultivons des arts héréditaires,
„ exempts de cette ardeur de
„ s'élever qui fait la ruine de
„ vos fortunes & de vos mœurs.

„ Ménagez - nous donc pour
„ votre propre avantage ; &
„ n'imitez pas ce pere qui, jeu-
„ ne encore , éloigna de lui des
„ enfans dont il eut befoin dans
„ fa vieilleffe. Vous nous avez

„ crus dangereux : des malheu-
„ ne le font guere ! mais enfin
„ nous devons nous foumettre
„ à vos loix, toutes féveres qu'el-
„ les font ; mais voudriez-vous
„ les rendre injuftes, en les ag-
„ gravant encore? Que vous de-
„ mandons - nous ici ? ce n'eft
„ pas notre religion, notre culte,
„ nos temples ; nous vous de-
„ mandons ce que vous accor-
„ deriez à tout étranger dans
„ votre patrie , la paix & la
„ juftice ; nous ne vous deman-
„ dons qu'à fubfifter fans outra-
„ ge : ne nous traitez pas com-
„ me de vils animaux , qu'on
„ frappe encore lorfqu'ils fuc-
„ combent fous le fardeau dont

„ on les a chargés : regardez-
„ nous feulement comme des
„ hommes ; & lorfqu'un homme
„ de votre religion fera du mal
„ à quelqu'un de la nôtre , ne
„ dites pas celui - là eft mon
„ frere ; & l'autre eft mon en-
„ nemi. „

Voilà , Meffieurs , les vœux
que je vous porte au nom de
ces hommes infortunés ; que le
faux zele & la malignité ne fe
prévalent pas de mon procédé:
je protefte au nom du Prince
qui daigne me confier ici l'intérêt public , que je ne veux in-
tercéder que pour des hommes
foumis à fes loix ; que je ne veux
demander pour eux que les cho-

ſes mêmes que les loix de toutes
les nations accordent , la réparation après le dommage.

Que répondra - t - on à de ſi
juſtes prieres ? C'eſt ici un évé-
nement tout nouveau qui ſer-
vira d'augure heureux ou funeſte
pour un avenir que tout ſemble
devoir adoucir. Nous avons parlé des avantages de notre religion ; quels funeſtes effets un
ſeul refus dans cette occaſion
importante ne produiroit - il pas
contre elle ? ces hommes , que
l'infortune rend ſoupçonneux ,
le regarderoient comme un nouveau ſignal de la perſécution.
Vous les verriez, dans l'indignation qu'inſpire le mépris , em-

braffer leur religion de toute la force d'un cœur violemment ou-tragé ; chercher dans fon fein les confolations que les hommes leur dénient, & puifer le fana-tifme dans la haine : vous les en-tendriez accufer notre religion de la févérité de notre politique, & prendre l'une & l'autre en horreur.

Ainfi donc s'éloigneroient des cœurs qui commençoient à fe rapprocher ; ainfi, même en vou-lant fervir notre religion , nous nous expoferions à l'infupporta-ble regret d'avoir enraciné l'er-reur , & favorifé la fédition : chaque affemblée , chaque tu-multe réveilleroient en nous avec

effroi l'idée d'y avoir contribué.
Ecoutons ces hommes, Messieurs,
c'est le moyen de les gagner ;
c'est la douceur, c'est la charité
qui, réunissant les cœurs dans la
morale, confond bientôt les es-
prits divisés dans le dogme. Oui,
quand on viendra vous redire
que les Protestans vantent votre
jugement & bénissent leurs Juges, vous goûterez une joie pure,
parce qu'en satisfaisant des hommes égarés dans une religion
fausse, vous leur donnez une
leçon de la vraie.

O Messieurs ! qu'il est doux,
qu'il est honorable d'être aimé,
d'être béni par les hommes de
tous les partis ; & pour cela, je

ne sais qu'un moyen : il faut être juste envers tous, faire par-tout respecter la bonne foi ; il faut soutenir l'étranger opprimé, contre l'oppresseur qui nous appartient ; il faut, en un mot, rendre justice les yeux fermés ; & tout au plus les ouvrir après, pour se réjouir si nos amis ont profité de notre équité.

Tel est notre devoir : de plus grands desseins ne sont pas en notre puissance ; c'est au législateur à les former ; c'est aux Protestans sur-tout à mériter l'avenir, en se conformant au présent sans murmurer du passé : qu'ils cessent de se regarder comme des enfans oubliés & rejetés sans re-

tour du fein de la patrie ; ils fa-
vent fi le Prince, que nous ai-
mons, pourroit regarder le dernier François avec indifférence.
Tous les actes d'obéiffance leur
font comptés ; qu'ils ne fe laffent
point de les multiplier. C'eft
ainfi qu'il leur convient d'atta-
quer nos loix ; c'eft par leur
foumiffion qu'ils doivent en
inculper la févérité; c'eft par la
fidélité qu'ils doivent forcer la
défiance , & leur filence par-
lera bien mieux en leur faveur
que la plainte ; d'autres parle-
ront à leur place, ils peuvent
s'en fier à des Miniftres fages:
l'oreille d'un bon Roi eft un
dépôt facré où nulle idée jufte

ne s'égare ; & tandis que les citoyens indifcrets murmurent de
la lenteur ou de l'oubli du
bien , peut-être la fageffe mûrit
en fecret des fruits que l'impa-
tience auroit fait avorter. La
politique a fes faifons comme la
nature , & les plus riches moif-
fons reftent long-temps cachées
dans le fein de la terre : quand
l'ordre général eft fage, les vœux
particuliers ne le font pas ; il faut
attendre tout , & ne précipiter
rien ; il faut donner à nos plaintes les bornes que nous donnons
à nos efpérances.

Après le bien public, Meffieurs,
me fieroit-il de parler de moi-
même ? je dirai néanmoins que ,

fi j'ai foutenu mon opinion avec
quelque chaleur , c'eft que la
vérité confifte moins à dire ce
qu'on penfe , qu'à le dire de la
même maniere dont on le penfe :
mais, en affirmant fortement ce
que j'ai cru de même, je n'ai point
ceffé de me défier de moi-même ,
& j'ai toujours gardé dans mon
ame une place vuide pour le
doute : auffi, loin de prétendre
à convaincre , je n'attends que
d'être éclairé ; j'attends aujour-
d'hui d'emporter au fond de ma
mémoire un jugement qui me
donnera , quel qu'il foit , une
grande inftruction. Vous allez
m'apprendre, Meffieurs, dans une
caufe qui m'a vivement touché,

jusqu'où je dois désormais me
fier aux sentimens de mon cœur:
j'ajouterai cette importante leçon à tant d'autres que j'ai pu
recueillir près de vous ; & n'ayant
point à rougir de mes inten-
tions , je trouverai dans votre
décision une regle pour les di-
riger.

Par ces considérations , &c.

L'Arrêt a adjugé des dom-
mages & intérêts.

F I N.

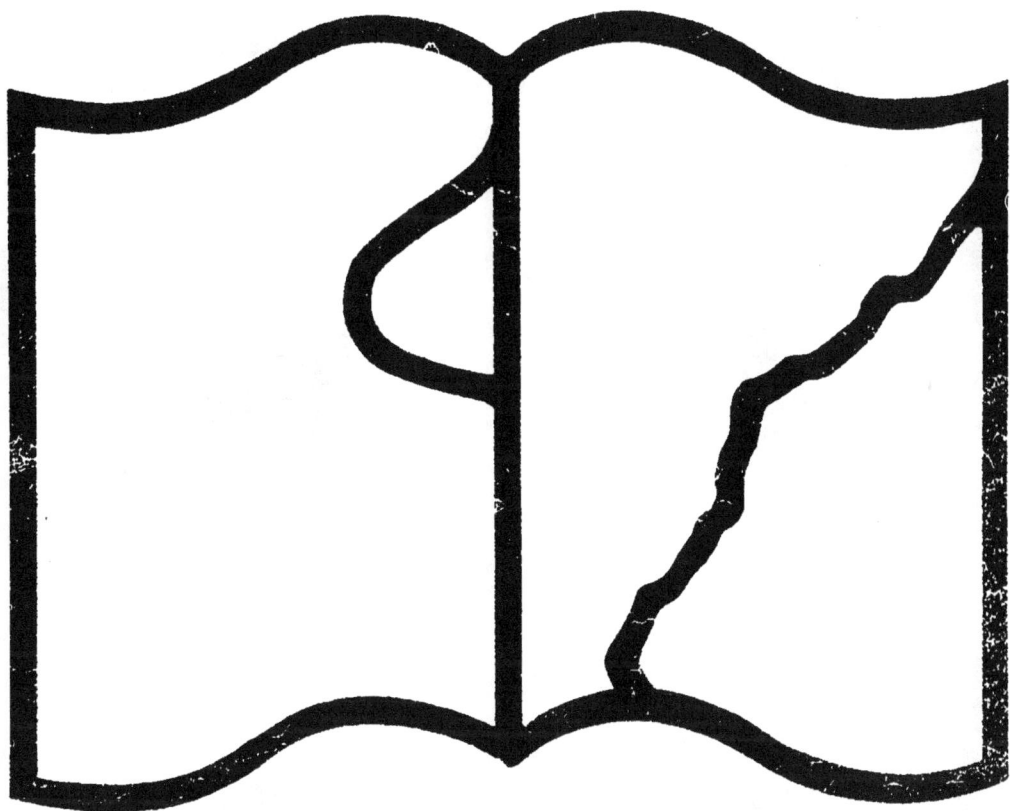

Texte détérioré — reliure défectueuse

NF Z 43-120-11

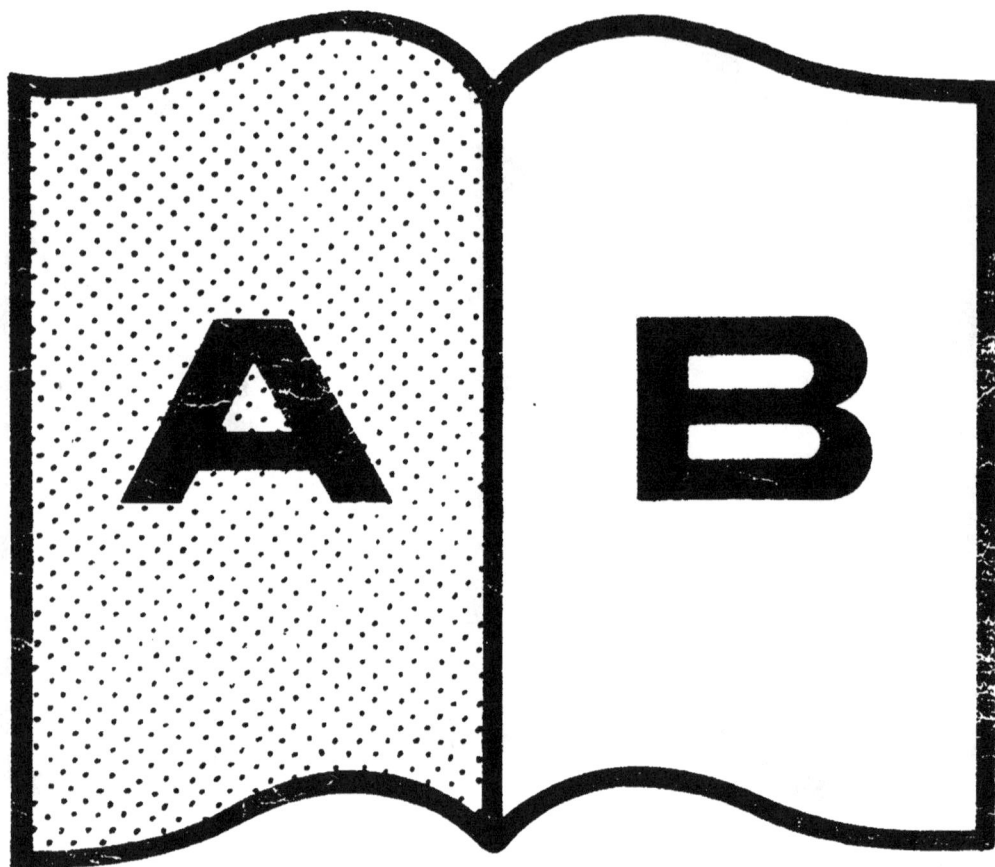

Contraste insuffisant

NF Z 43-120-14

www.ingramcontent.com/pod-product-compliance
Lightning Source LLC
Chambersburg PA
CBHW071210200326
41519CB00018B/5455